AF543721

Christoph Beuers · Jochen Straub

Die Farben des Glaubens – Die Sakramente

Christoph Beuers
Jochen Straub

Die Farben des Glaubens – Die Sakramente

Einfache Sprache

Butzon & Bercker

Inhalt

Sakramente sind ein Geschenk

Sakramente bringen Freude.

Sakramente sind wichtig.

Sie sind Geschenke.

Sie sind Geschenke von Gott.

Viele Menschen machen die Erfahrung:

- Sakramente können ein ganzes Leben lang Kraft geben.
- Sakramente geben Grund zum Feiern.

Einige Feiern sind groß.

Andere Feiern sind klein.

Sie sind immer mit einem Gottesdienst verbunden.

In dem Gottesdienst wird das Geschenk übergeben.

Manchmal kommen dazu besondere Menschen der Kirche.

Das ist zum Beispiel der Bischof.

Manchmal kommen Paten.

Manchmal kommen viele Freundinnen und Freunde.

Manchmal kommen auch Onkel und Tanten, Cousins und Cousinen.

Viele Gäste bringen Geschenke mit.

Die bekommt der Mensch, der ein Sakrament erhält.

Sakramente sind wichtig

Sakramente sind wichtige Ereignisse im Leben.

Einige machen einen Tag jedes Jahr neu zu einem Fest-Tag.

Menschen feiern dann ein Jubiläum.

Jubiläum feiern heißt:

- Sie zünden eine Kerze an.
- Feierlich essen die Menschen zusammen.
  Sie erinnern sich an den wichtigen Tag.

Manchmal fällt dieser Tag aus.

Menschen haben ihre Taufe vergessen.

Sie finden Glauben nicht wichtig.

Sie wissen nichts mehr über:

- Jesus.
- Gott.
- Kirche.
- Glauben.

Dieses Buch will an die Sakramente erinnern. Es will:

- Die Sakramente erklären.
- Hilfen geben, Sakramente kennen zu lernen.
- Helfen, Sakramente zu verstehen.

Sakramente werden immer wieder anders gefeiert.

Menschen und Gott kommen so besser zusammen.

Einige Sakramente bekommen viel Aufmerksamkeit.

Andere weniger.

Sie sind immer eine Einladung von Gott.

Gott will mit uns zusammenkommen.

Dabei geht es um Beziehung:

- Von Mensch zu Mensch.
- Von Mensch zu Gott.
- Von Gott zu den Menschen.

Sakramente sind ein Beziehungs-Geschenk

Die Sakramente sind ein Beziehungs-Geschenk für uns.

Im Geschenk der Sakramente gibt es ganz viel:

- Beziehungs-Worte.
- Beziehungs-Zeichen.
- Beziehungs-Tun.
- Beziehungs-Handlungen.

Wir haben für dieses Buch wichtige Beispiele ausgewählt.

Menschen sollen und können selbstbestimmt ihren Glauben leben

In diesem Buch werden alle 7 Sakramente beschrieben.

Jedes Sakrament hat einen eigenen Teil.

Zu jedem Sakrament gibt es:

- Eine Einladung zur Bild-Betrachtung.
  Hier finden eigene Gedanken zum Sakrament einen Ort.
- Eine Zusammenfassung in Einfacher Sprache.
- Einen ausführlichen Teil mit:
  - Einer Antwort auf die Frage: „Was bringt mir das Geschenk?“
  - Worten, die beim Sakrament gesprochen werden.
  - Zeichen, die beim Sakrament erlebbar werden.
  - Tun, das die Nähe von Gott erfahrbar werden lässt.

Einfache Sprache

Das Buch ist bis auf die Nachlese in
Einfacher Sprache geschrieben.

Das kann man an verschiedenen Dingen merken:

- Es gibt einfache Sätze.
- Schwere Worte werden erklärt.
- Manche Worte werden getrennt.
- Es wird immer die männliche Form geschrieben.
- Das Buch ist einfach zu lesen.
- Es werden einfache Begriffe benutzt.
- Zum Beispiel schreiben wir Jesus und nicht Jesu.

Einfache Sprache hilft vielen Menschen.

Fast alle Menschen verstehen Einfache Sprache.

Zum Beispiel:

- Menschen mit Behinderung.
- Menschen mit anderer Sprache.
- Geflüchtete.

Andere Texte helfen beim Verstehen von Sakramenten.

Zum Beispiel Bibel-Texte in Einfacher Sprache.

Sie erzählen:

- Von Jesus.
- Von seinem Leben.
- Von Jesus und den Sakramenten.

Ein gemeinsamer Weg

Papst Franziskus sagt für die Kirche:

Wir können und müssen einen Weg
zu den Menschen suchen.

Wir finden immer eine Möglichkeit.

Wir sollten nicht vergessen:

Wir klopfen vorsichtig an.

Wir suchen eine gemeinsame Sprache.

Wir wissen:

Gott hilft uns dabei.

Sakramente bringen Farben ins Leben

Sakramente machen das Leben bunt.
Die Farben der Sakramente sind verschieden.

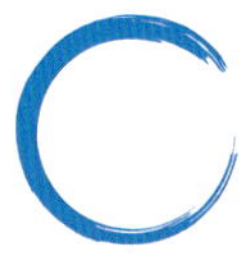

Die Taufe hat die Farbe Blau.
Wasser ist ein Geschenk zum Leben.
Die Taufe auch.

Die Firmung hat die Farbe Rot.
Die Firmung ist ein Geschenk zum Leben.
Sie schenkt den Heiligen Geist.
Seine Farbe ist rot.

Die Eucharistie hat die Farbe Orange.
Die Farbe steht für Veränderung.
Die Eucharistie kann das Leben verändern.
Sie verändert die Beziehung zu Gott.

Die Farbe Lila.
Sie verbindet sich mit der Buße.
Sie lädt ein: Komm zu Gott nach Hause.

Die Farbe Grün steht für Hoffnung.
Die Kranken-Salbung will Hoffnung geben.
Sie will kranken Menschen Hoffnung geben.

Die Farbe Gelb erinnert an die Farbe von Gott.
Sie ist so hell wie Licht.
In der Weihe stellen sich Menschen in das Licht von Gott.
Sie bitten um Kraft für ihren Weg.

Die Farbe Rot ist vertraut.
Sie steht für die Liebe.
Die Ehe ist das Sakrament der Liebe.
Sie gibt die Liebe Gottes weiter.
Der Heilige Geist will die Verliebten stärken.

Wir sehen die Farben im Regenbogen.
Einige Leute sagen:
Der Regenbogen ist das erste Sakrament von Gott.

Die Sakramente – Ein Geschenk

Gott spricht in dein Herz.

Du kannst Gott verstehen.

Gott versteht dich auch ohne Worte.

Sakramente bringen Gott und Menschen zusammen.

Sie machen Gott für uns:

- Hörbar.
- Spürbar.
- Sichtbar.

Sakramente feiern Gott.

Sie öffnen das Herz von Menschen für Gott.

Sie lassen Gott im Herzen von Menschen wohnen.

Sie stärken die Menschen.

Sakramente sagen den Menschen:

- Achte auf dich.
- Achte auf andere Menschen.
- Helft euch.
- Gott ist bei dir.

Sakramente:

- Stärken dein Herz.
- Stärken deine Seele.

Sakramente können die Welt besser machen.
Menschen können eine Gemeinschaft werden.
Die Kirche kann dabei helfen.
Jesus zeigt uns den Weg.

Sakramente schaffen Vertrauen:
Gott ist für uns da.
Gott hilft.

Sakramente sprechen für Gott.
Sakramente sagen dir:

- Ich bin da für dich.
- Ich mache dir Mut.
- Ich bin bei dir in schwierigen Zeiten.
- Dein Leben ändert sich. Ich gebe dir Kraft.
- Du bist für andere Menschen da. Ich stehe dir bei.

Sakramente machen stark für das Leben mit Gott.
Sie schenken:

- Die Liebe von Gott.
- Kraft von Gott.
- Hoffnung.
- Geborgenheit.

Sakramente wollen Mut machen.
Sie sagen:
Lebe wie Jesus.

Sakramente machen aus vielen Menschen eine Gemeinschaft.

Die Gemeinschaft heißt Kirche.

Die Kirche soll zeigen:

- Gott ist da.
- Gott ist bei den Menschen.
- Gott ist in der Welt.
- Mit Gott wird alles gut.

Das kann ich spüren.

Die Sakramente gebrauchen:

- Worte.
  Das ist zum Beispiel: Der Friede sei mit dir.
- Gesten.
  Das ist zum Beispiel das Kreuzzeichen.
- Besondere Dinge.
  Das sind zum Beispiel Öl, Wasser, Ringe.

Sakramente wollen die gute neue Welt von Gott spürbar machen.

Gott schenkt 7 Sakramente:

- Taufe.
- Firmung.
- Eucharistie.
- Buße.
- Kranken-Salbung.
- Weihe.
- Ehe.

Ich sehe:

- Eine Wasser-Welle.
- Blau.

Was siehst du?

Ich fühle:

- Ich lebe.
- Wasser tut gut.

Was fühlst du?

Ich glaube:

- Wasser kann ein Segen sein.

Was verbindest du damit?

Die Taufe ist das erste Geschenk von Gott.

Du hast es vielleicht schon bekommen.

Taufe ist ein Sakrament.

Jesus ist getauft.

Getauft werden heute:

- Säuglinge. Babys.
- Kleine Kinder.
- Erwachsene.

Die Taufe sagt:

- Du gehörst jetzt zu Jesus.
- Du gehörst jetzt zur Kirche.
- Jesus macht dein Leben hell.
- Jesus beschützt dich.

Taufen kann jeder Mensch:

- Er gießt einem Menschen Wasser über den Kopf.
- Er sagt: Ich taufe dich im Namen des Vaters, des Sohnes und des Heiligen Geistes.
- Er segnet einen Menschen mit dem Kreuz-Zeichen.

Im Tauf-Gottesdienst macht das meistens:

- Ein Priester.
- Ein Diakon.

Bei der Taufe gibt es Zeichen:

- Das Wasser.
- Die Tauf-Kerze.

Das bringt uns das Geschenk der Taufe

Jesus schenkt uns die Taufe.
Jesus hat sie von Johannes.
Johannes hat Jesus getauft.

Getauft werden heute:

- Säuglinge.
- Kleine Kinder.
- Erwachsene.

Die Taufe sagt dir:

- Du gehörst jetzt zu Jesus.
- Er ist dein Freund für immer.
- Jesus macht dein Leben hell.
- Jesus beschützt dich.
- Du gehörst zu seiner Kirche.

Die Taufe bedeutet für die Menschen:

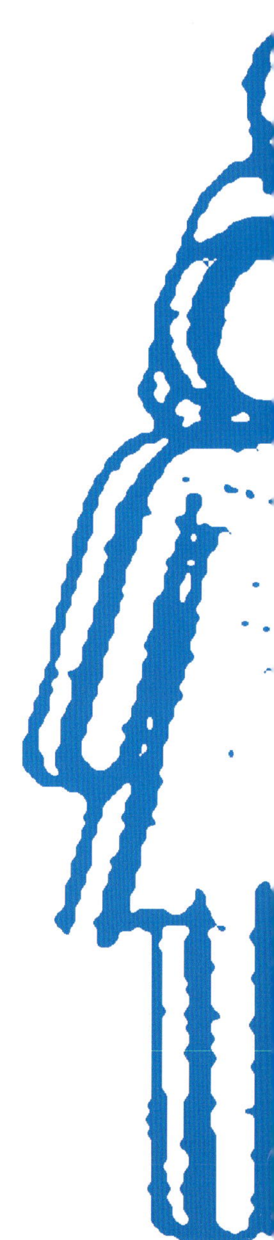

Ich kann auch die anderen Sakramente bekommen.

Taufen kann jeder Mensch:

- Er gießt einem Menschen Wasser über den Kopf.
- Er sagt: Ich taufe dich im Namen des Vaters, des Sohnes und des Heiligen Geistes.
- Er segnet einen Menschen mit dem Kreuz-Zeichen.

Im Tauf-Gottesdienst macht das meistens:

- Ein Priester.
- Ein Diakon.

Die Taufe gilt für mein ganzes Leben.
Die Taufe kann ich deshalb nur einmal bekommen.

Die Taufe – Besondere Worte

„Ich taufe dich."

Das heißt:

- Jesus und ich gehören zusammen.
- Ich bin jetzt eine Tochter von Gott.
- Ich bin jetzt ein Sohn von Gott.

„Fürchte dich nicht."

Das heißt:

- Gott ist bei mir.
- Immer.
- Egal, was passiert.

„Ich salbe dich mit Chrisam."

Das heißt:

- Ich bin wichtig.
- Ich bin jetzt eine Tochter von Gott.
- Ich bin jetzt ein Sohn von Gott.
- Ich folge Gott.
- Ich kann eine Aufgabe in der Kirche übernehmen.
- Ich darf mit-machen.
- Ich darf mit-reden.
- Ich darf mit-bestimmen.

**„Ich berühre deine Ohren und deinen Mund.
Wir bitten: Öffne dich für Jesus."**

In der Sprache von Jesus wird auch gesagt:

Effata!

Effata heißt in unserer Sprache:

Öffne dich!

Das heißt:

- Sei offen für Gott.
- Sei offen für Jesus.
- Höre auf ihn.
- Stehe zu ihm.
- Lebe wie Jesus.

Die Taufe – Besondere Zeichen

Das Kreuz-Zeichen

Das Kreuz-Zeichen zeigt:

- Jesus beschützt mich.
- Ich gehöre zu Jesus.
- Ich gehöre zu den Freunden von Jesus.

Die Salbung mit Öl

Das Öl zeigt:

- Jesus ist immer bei mir.
- Er gibt mir Kraft.
- Jesus will alles Böse von mir fern-halten.

Die Salbung mit Chrisam

Chrisam ist eine besondere Salbe.

Chrisam zeigt:

- Jesus ist für mich da.
- Jesus nimmt mich an.
- Ich bin sein Bruder.
- Ich bin seine Schwester.
- Jesus traut mir viel zu.
- Ich darf mit-machen.

Die Hand-Auflegung

Hände zeigen bei der Taufe:

- Jesus hält mich.
- Jesus schützt mich.
- Jesus ist bei uns.
- Jesus ist um uns.
- Jesus ist für uns da.
- Das gilt für immer.

Das Tauf-Wasser

Das Tauf-Wasser erinnert an Jesus:

- Jesus gibt dem Wasser seine Kraft.
- Es macht frei für Jesus.
- Es nimmt alles, was mein Herz schwer macht.

Das Glaubens-Bekenntnis

Das Glaubens-Bekenntnis beschreibt:

- Unser Vertrauen zu Gott.
- Das Vertrauen von Gott zu uns.

Die Tauf-Kerze

Die Tauf-Kerze zeigt:

- Ich bin getauft.
- Jesus macht mein Leben hell.
- Die Tauf-Kerze kann mich an meinen Tauf-Tag erinnern.

Das weiße Kleid

Das weiße Kleid zeigt:

- Gott ist mir ganz nahe.
- Er nimmt alles weg, was mich von ihm trennt.

Die Tauf-Paten

Tauf-Paten:

- Stehen zu mir.
- Sind für mich da.
- Zeigen mir den Weg zu Jesus.
- Glauben mit mir an Gott.

Die Taufe – Besonderes Tun

Wasser

Wasser läuft über meinen Kopf:

- Ich höre dazu die Worte:
  Ich taufe dich im Namen des Vaters,
  des Sohnes und des Heiligen Geistes.
- Das Wasser ist Tauf-Wasser.
- Ich freue mich.

Ich spüre und weiß:

- Ich gehöre zu Jesus.
- Ich gehöre zu seiner Kirche.
- Das gilt für immer.

Berührungen

Hände berühren mich:

- Meine Ohren.
- Meinen Mund.
- Meinen Kopf.
- Meine Stirn.

Das heißt:

Ich kann offen sein für Jesus.

Ich gehöre zu Jesus.

Ich sehe:

- Eine Flamme.
- Rot und Gelb.

Was siehst du?

Ich fühle:

- Wärme.
- Kraft.
- Stärke.
- Mut.

Was fühlst du?

Ich glaube:

- Gott macht mein Leben hell und stark.

Was verbindest du damit?

Viele katholische Christen entscheiden sich:
Ich möchte gefirmt werden.
Firmung ist ein schweres Wort.

Firmung heißt:

- Ich darf mit-machen.
- Gott macht mich stark.
- Gott macht mich entschieden.
- Gott hilft mir, von meinem Glauben zu reden.

Menschen verändern sich.
Immer wieder brauchen Menschen Hilfe.
Die Firmung will helfen.
Sie will Kraft geben.
Sie hilft, für-einander da zu sein.
Sie hilft, Jesus zu vertrauen.
Sie macht fest im Vertrauen an Jesus.
Die Firmung berührt das Herz des Menschen.
Sie öffnet das Herz für den Heiligen Geist.

Der Heilige Geist ist:

- Kraft von Gott.
- Liebe von Gott.
- Hilfe von Gott.

Das bringt uns das Geschenk der Firmung

Die Firmung ist das zweite Geschenk von Gott.

Firmung ist ein schweres Wort.

Firmung heißt:

- Gott macht mich stark.
- Gott macht mich fest im Glauben.
- Ich kann mit-machen.

Katholische Christen bekommen die Firmung.

Die Firmung schenkt uns den Heiligen Geist.

Heiliger Geist ist ein schweres Wort.

Heiliger Geist heißt:

- Kraft von Gott.
- Liebe von Gott.
- Hilfe von Gott.

Der Heilige Geist ist ein Geschenk von Gott.

Er ist ein Geschenk für uns.

Der Heilige Geist:

- Macht Mut.
- Gibt Kraft.
- Macht stark.
- Hält zu den Menschen.
- Bringt die Menschen zusammen.
- Geht alle Wege von den Menschen mit.
- Begleitet die Menschen für immer.

In der Firmung kommt Gott uns nahe.

Die Firmung bekommen die katholischen Christen in einer Messe.

Die Firmung – Besondere Worte

„Sei besiegelt durch die Gabe Gottes, den Heiligen Geist."

Diese Worte sagt der Bischof.

Die Worte meinen:

- Gott schenkt mir den Heiligen Geist.
- Der Heilige Geist kommt zu mir.
- Er ist für immer bei mir.
- Das gilt für immer:
  Das verspricht der Heilige Geist.
- Er gibt Kraft, Stärke, Mut.
- Er hat noch viele Geschenke für mich.
- Der Heilige Geist hilft mir, ein gutes Leben zu führen.

Einfache Worte dafür sind:

- Gott sagt:
  Ich mag dich so.
- Gott sagt:
  Ich bin immer bei dir.

„Friede sei mit dir."

Diese Worte sagt der Bischof danach.

Die Worte meinen:

- Gott steht hinter dir.
- Mit seinem Heiligen Geist kann alles gut werden.

Der Heilige Geist kann mich verändern.

Er kann:

- Tränen in Freude ändern.
- Angst in Stärke verwandeln.
- Schwäche in Kraft wandeln.
- Menschen zu einer großen Familie zusammen-führen.
- Helfen, sich für Menschen in Not einzusetzen.
- Unserer Gemeinde Mut machen.
- Unserer Gemeinde helfen, für alle da zu sein.

„Beistand"

Der Bischof spricht in seinen Gebeten immer wieder vom Beistand.

Beistand meint:

Der Heilige Geist hilft dir:

- Wenn sich das Leben verändert.
- In frohen und schweren Tagen.

Beistand meint:

- Du schaffst das!
- Du hast auch Gaben bekommen.
- Du kannst andere Menschen froh machen.
- Du trägst die Kirche mit.

„Glaubens-Bekenntnis"

Im Glaubens-Bekenntnis sagen Christen:

- Wir vertrauen Gott.
- Wir glauben an Gott.

Bei der Taufe machen das Eltern und Paten für das Kind.

Bei der Firmung sagen wir das selbst.

Damit verbinden sich Taufe und Firmung.

Die Firmung – Besondere Zeichen

Gesten und Zeichen sprechen von der Berührung von Gott.

In der Firmung kommt Gott uns nahe.

Er berührt:

- Mich.
- Meinen Kopf.
- Mein Herz.

Hände:

- Werden auf den Kopf gelegt.
- Werden auf die Schulter gelegt.

Bei der Firmung kann ich spüren:

- Gott beschützt mich.
- Gott hält zu mir.
- Ich gehe hinter Jesus her.
- Ich gehöre zur Kirche von Jesus.
- Ich darf mit-reden und mit-machen.
- Ich darf auch mit-entscheiden.
- Gott traut mir viel zu.
- Der Heilige Geist gibt mir viele Fähigkeiten.
- Mit seiner Hilfe kann ich viel schaffen.

Die Firmung – Besonderes Tun

Berührungen

Der Bischof sagt meinen Namen.

Ich weiß:

Ich bin gemeint.

Der Bischof:

- Legt seine Hand auf meinen Kopf.
- Streicht Salb-Öl auf die Stirn.
- Macht mit Salb-Öl ein Kreuz auf die Stirn.

Das sagt mir:

- Ich kann Jesus hinterher gehen.
- Ich kann zu seiner Kirche gehen.
- Ich kann Verantwortung übernehmen.
- Jesus stärkt mich.

Ich sehe:

- Eine weiße Mitte.
- Um die weiße Mitte passiert ganz viel.

Was siehst du?

Ich fühle:

- Rand und Mitte.

Was fühlst du?

Ich glaube:

- Gott ist die Mitte in meinem Leben.

Was verbindest du damit?

Menschen sind getauft.

Getaufte Menschen können die Eucharistie bekommen.

Das können sein:

- Kinder.
- Erwachsene.

**Eucharistie ist ein schweres Wort.
Viele sagen auch Kommunion dazu.**

Kommunion hat viele Namen:

- Heilige Kommunion.
- Brot von Jesus.
- Wein von Jesus.
- Jesus-Brot.
- Jesus-Wein.
- Heiliges Brot.
- Heiliger Wein.
- Hostie.
- Leib und Blut von Jesus.

Alle diese Namen sagen:

- Jesus ist da.
- Jesus schenkt sich uns.
- Er kommt in unser Herz.
- Er will immer in uns bleiben.
- Wir danken Jesus dafür.

Das bringt uns das Geschenk der Eucharistie

Die Eucharistie ist das dritte Geschenk von Gott.

Menschen sind getauft.

Das können sein:

- Kinder.
- Jugendliche.
- Erwachsene.
- Alte Menschen.

Getaufte Menschen können die Eucharistie bekommen.

Die Eucharistie erinnert an Jesus.

Jesus hat mit seinen Freunden gegessen.
Dabei gab es:

- Brot.
- Wein.

Jesus sagt zu uns mit Brot und Wein:

- Ich bin da.
- Ich stärke.
- Ich halte zu euch.
- Wir sind eine Gemeinschaft.
- Wir gehören für immer zusammen.

Dafür danken wir Jesus.

Jesus ist da.

Er kommt in unser Herz.

Er will immer in uns bleiben.

Jesus ist unser Freund.

Wir sehen Jesus nicht.

Wir sehen:

- Brot.
- Wein.

Wir spüren:

Jesus ist da.

Christen essen das Brot.

Dabei fühlen sich Christen Jesus ganz nahe.

Christen trinken den Wein.

Dabei fühlen sich Christen Jesus ganz nah.

Alle Christen glauben:

Das ist ein Geheimnis von
unserem Glauben an Jesus.

Geheimnis von unserem Glauben meint:

Wir spüren:

- Jesus ist da.
- Jesus ist in uns.
- Er bringt uns mit Gott zusammen.
- Er bringt uns mit den Menschen zusammen.

Wir können diese Erfahrung nicht erklären:

- Sie ist einfach da.
- Sie berührt unser Herz.
- Sie wird von Gott geschenkt.

Deswegen nennen wir diese Erfahrung:

Geheimnis des Glaubens.

Eucharistie – Besondere Worte

„Kommunion“

Die Kommunion hat viele Namen.

Sie heißt:

- Heilige Kommunion.
- Brot und Wein von Jesus.
- Jesus-Brot,
  Jesus-Wein.
- Heiliges Brot,
  heiliger Wein.
- Eucharistie.
- Leib und Blut Christi.

Ich kann einen Namen wählen.
Der soll für mich und mein Leben
wichtig sein.

Alle diese Namen sagen:

- Jesus ist da.
- Jesus kommt in unser Herz.
- Er will immer bei uns sein.

„Leib und Blut Christi“

Das meint:

Jesus ist ganz da:

- Mit seinem Herzen.
- Mit seinem Leiden.
- Mit seiner Auferstehung.
- Mit seiner Freude.
- Mit seinem Heiligen Geist.
- Mit seiner Kraft zur Versöhnung.
- So wie er ist.

„Tut dies zu meinem Gedächtnis.“

Das meint:

- Denkt an mich.
- Ich bin bei euch.
- Jetzt.
- Immer bei Brot und Wein.

Eucharistie – Besondere Zeichen

Brot

Brot ist ein besonderes Zeichen.

Das Brot in der Kirche ist meistens eine Hostie.

Die Hostie wird gebacken aus:

- Wasser.
- Mehl.

Brot stärkt den Menschen.
Jesus stärkt den Menschen.

Die Hostie lässt sich gut teilen.

Jeder kann ein Stück bekommen.

Jeder kann spüren:

In diesem Brot ist Jesus da.

Der Priester betet über der Hostie.

Er betet zu Jesus.

Jesus will:

- Zu uns kommen.
- In uns wohnen.

Viele Menschen können essen.

Sie können schlucken.

Sie können eine Hostie essen.

Sie können spüren:

Jesus hält zu mir.

Wein

Der Wein wird aus Trauben gemacht.
Er wird aus einem Kelch getrunken.
Wein macht die Menschen froh.
Jesus macht auch die Menschen froh.

Einige Menschen können nicht essen.
Sie trinken den Wein.
Sie können spüren.
Jesus hält zu mir.

Brot und Wein

Jesus verspricht:
Ihr teilt Brot.
Dann bin ich immer bei euch.
Ihr teilt Wein.
Ich mache euch stark.

Brot und Wein sind auch Geschenke für Jesus.
Wir danken Jesus mit Brot und Wein.

Wir danken für:

- Unser Essen.
- Für Freundinnen und Freunde.
- Für besondere Menschen, die uns lieb haben.
- Für die ganze Welt.

Wir danken Gott für sein Versprechen:
Ich will immer bei euch sein.

Eucharistie – Besonderes Tun

Hostien werden manchmal nach Hause gebracht.

Menschen können nicht in die Kirche kommen.

Die Menschen:

- Sind krank.
- Sterben.

Die Hostien sollen die Menschen stärken.

Menschen bekommen die Hostien in einem kleinen Gottesdienst.

Sie beten, bevor sie die Hostie essen.

Ich sehe:

- Bewegung.
- Einen Weg.
- Lila und rot.

Was siehst du?

Ich fühle:

- Da ist etwas offen.
- Veränderung.

Was fühlst du?

Ich glaube:

- Veränderung bringt mich weiter.

Was verbindest du damit?

Buße und Versöhnung

Buße und Versöhnung sind schwere Worte.

Manche Menschen sagen auch:

- Sakrament der Beichte.
- Sakrament der Buße.
- Sakrament der Sünden-Vergebung.
- Sakrament der Versöhnung.

Alle Worte haben die gleiche Bedeutung.

Menschen machen Fehler.

Ich mache Fehler.

Ich kann diese Fehler zugeben.

Ich kann sagen:
Mir tut es leid.

Das kann ich zu einem anderen Menschen sagen.

Ich sage:
Verzeih mir.

Ich hoffe:
Der andere Mensch verzeiht mir.

Das kann ich zu Gott sagen:

- Ich habe einen Fehler gemacht.
- Es tut mir leid.
- Bitte vergib mir.
- Ich will es besser machen.

Das kann ich sagen:

- Bei einem Gebet.
- Bei der Beichte.
- In einem Gottesdienst.

In der Beichte sage ich einem Priester:

- Meine Fehler.
- Mein Versagen.

Der Priester antwortet mir:

- Im Namen von Gott vergebe ich dir.
- Fange neu an.
- Mache es besser.

Das Tun nennt man:

- Beichte.
- Sakrament der Buße.

Ich glaube:

- Gott vergibt mir immer.
- Gott gibt mir Kraft:
- Ich kann meine Schwächen annehmen.

Das ist das Geschenk von Gott an mich.

Das bringt uns das Geschenk von Buße und Versöhnung

Die Buße und Versöhnung sind das vierte Geschenk von Gott.

Sie haben viele Namen:

- Sakrament der Beichte
- Sakrament der Buße.
- Sakrament der Sünden-Vergebung.
- Sakrament der Versöhnung.

Ich kann einen Namen wählen.
Der soll für mich und mein Leben wichtig sein.

Der Name „Beichte" betont:

Ich bin schuldig geworden.
Das macht mich traurig.
Das belastet mich.
Ich stehe dazu.
Gott hilft mir dabei.

Der Name „Sakrament der Buße" betont:

Ich mache Schaden wieder gut.
Gott hilft mir dabei.

In der Buße denke ich nach:

Ich kann anders leben.

Das gefällt Gott.

Ich kann:

- Liebe schenken.
- Frieden machen.
- Gerechtigkeit bringen.

Ich kann:

- Auf mich achten.
- Auf den anderen Menschen achten.
- Auf Gott achten.

Das tut:

- Mir gut.
- Anderen Menschen gut.

Das gefällt Gott gut.

Das Sakrament der Buße macht Mut:
Alles wird gut.

Die Worte „Sakrament der Vergebung" und **„Sakrament der Versöhnung"** betonen:
Gott schaut auf meine Schuld.
Gott will sich mit mir versöhnen.

Schuld meint:

- Ich verletze andere Menschen.
- Ich schade anderen und mir selbst.
- Ich bin unaufmerksam für die Welt um mich herum.
- Ich bin unaufmerksam für andere, für mich und für Gott.
- Ich bringe die Welt von Gott durch-einander.

Gott gibt mir die Hoffnung:

Alles wird gut.

Gott vergibt mir:

Er nimmt meine Entschuldigung an.

Gott sieht:

Ich will mich ändern.

Gott hilft mir:

- Ich kann Verletzungen wieder gut machen.
- Ich kann Schaden wieder gut machen.

Menschen wollen sich unter-einander versöhnen.

Menschen schaffen das oft nicht allein.

Sie brauchen Hilfe.

Dann finden Menschen einen neuen Anfang.

Das Sakrament der Sünden-Vergebung
und der Versöhnung hilft:

Ich kann einen neuen Anfang finden.

Der Name „Sünden-Vergebung“ ist schwer zu verstehen.

Sünde ist ein schweres Wort.

Sünde meint:
- Menschen kommen mit Schuld nicht zurecht.
- Menschen kommen mit Verantwortung nicht zurecht.
- Menschen beachten die Liebe von Gott nicht.
- Menschen stellen sich dem Tun Gottes in den Weg.

Menschen werden so schuldig.
Das Miteinander mit Gott zerbricht.

Gott will seine Liebe allen Menschen geben.
Einige Menschen trennen sich bewusst von Gott:
- Sie wollen seine Liebe nicht.
- Sie wollen auch die Menschen um sich herum nicht.
- Sie denken nur an sich selbst.

Diese Menschen machen den Glauben an Gott schwer.

Sünden-Vergebung meint besonders:
- Gott liebt mich.
- Ich brauche keine Angst vor Gott zu haben.
- Gott kommt auf mich zu.
- Er wartet auf mich.
- Gott stellt keine Bedingungen.
- Ich bin Gott so wichtig.
- Gott vergibt mir.
- Wir sind wieder Freunde.
- Zusammen schaffen wir das.

Menschen entscheiden sich.

Sie wollen mit einem Priester reden.

Der Priester spricht für Gott.

Der Priester verspricht für Gott:

- Ich vergebe dir deine Schuld.
- Ich mache dein Herz wieder frei.

Dann kann ich:

- Schaden wieder gut machen.
- Um einen guten neuen Anfang bitten.

Der Priester reicht mir die Hand.

Wir können uns umarmen.

Das ist unser Zeichen für Vergebung.

Ich spüre:

- Nichts soll mich von Gott trennen.
- Nichts soll unser Zusammensein stören.
- Nichts soll unser Zusammenleben belasten.
- Ich werde froh.

Ich finde das gut.

Ich danke.

Ich mache das Kreuz-Zeichen.

Buße und Versöhnung – Besondere Worte

„Gott, der barmherzige Vater, hat durch den Tod und die Auferstehung seines Sohnes die Welt mit sich versöhnt und den Heiligen Geist gesandt zur Vergebung der Sünden. Durch den Dienst der Kirche schenke er dir Verzeihung und Frieden. So spreche ich dich los von deinen Sünden. Im Namen des Vaters und des Sohnes und des Heiligen Geistes.“

Das bedeutet:

- Ich mache dein Herz frei.
- Ich halte dir meine geöffneten Arme entgegen.
- Ich vergebe dir.
- Ich schenke dir Frieden.
- Ich mache dich frei von aller Schuld.
- Nichts soll uns trennen.
- Jesus hat dafür gesorgt.

Die Kirche mit ihren Priestern gibt die Worte von Gott an mich weiter.

Der Priester spricht im Namen von Gott:

- Gott Vater.
- Gott Sohn.
- Gott Heiliger Geist.

Buße und Versöhnung – Besondere Zeichen

Violette Stola

Bei der Beichte legt der Priester eine violette Stola um.

Eine Stola sieht aus wie ein Schal.

Der Schal zeigt:

Jesus ist jetzt da.

Die violette Farbe ist auch ein Zeichen.

Die violette Farbe bedeutet für mich:

- Für mich beginnt etwas Neues.
- Mein Kopf denkt nach.
- Mein Herz will sich verändern.
- Meine Hand will Gutes tun.

Menschen wagen einen neuen Anfang.

Sie wollen sich zum Guten hin verändern.

Sie wollen Gott ganz nahe sein.

Beicht-Stuhl

Der Beicht-Stuhl ist ein Schutz-Raum.

Im Beicht-Stuhl ist es halb dunkel.

Das Gesicht wird nicht erkannt.

Das hilft beim Reden.

Menschen können sich so besser aussprechen.

Sie können sagen:

- Das belastet mich.
- Das habe ich falsch gemacht.
- Das fühle ich.
- Ich muss mir nichts vormachen.
- Ich bekenne meine Schuld.
- Es ist schwer, über meine Schuld zu sprechen.

Im Beicht-Stuhl brauche ich keine Angst zu haben.

Das Reden im Beicht-Stuhl kann gut tun.

Beicht-Zimmer

Auch das Beicht-Zimmer ist ein Schutz-Raum.

Der Priester und ich können uns sehen.

Wir können uns:

- Kennenlernen.
- Zuhören.
- Vertrauen.

Das hilft:

- Beim Verstehen.
- Beim Reden.

Ich kann erleben:

Gott vergibt mir.

Buße und Versöhnung – Besonderes Tun

Hände werden auf mich gelegt

Der Priester hält die Hände über mich.

Er zeigt:

- Nicht der Priester vergibt.
- Gott vergibt.

Ich mache das Kreuz-Zeichen

Das Kreuz-Zeichen ist wie eine Antwort von mir.

Ich bin froh.

Gott macht meinen Kopf frei.

Gott macht mein Herz frei.

Gott macht meine Hände frei.

Ich kann wieder Gutes tun:

- Für Gott.
- Für andere Menschen.
- Für mich.

Ich mache das Kreuz-Zeichen über mich.
So zeige ich:
Alles ist wieder gut.

Ich werde umarmt oder der Priester reicht mir die Hände

Manchmal wählen Priester dieses Tun.

Sie zeigen so das Versprechen von Gott:

- Ich vergebe dir.
- Ich mache dich frei von aller Schuld.

Mit der Umarmung kann ich das spüren.

Buß-Werke

Buß-Werk ist ein schweres Wort.

Es meint:

Wieder gut machen.

Gott will:

Menschen sollen Schaden wieder gut machen.

Das ist nicht immer leicht.

Manchmal ist wieder gut machen unmöglich:

- Ein Mensch will die Entschuldigung nicht.
- Ein Mensch kann keine Entschuldigung annehmen.
- Das Herz ist zu verletzt für einen neuen Anfang.

Die Buß-Werke öffnen das Herz für Gott.

Buß-Werke helfen:

Wir können wieder mit-einander reden.

Gott und ich haben uns viel zu sagen.

Ich kann Pläne machen.

So wird alles wieder gut.

Manchmal denke ich:

Ich muss über mein Leben nach-denken.

Ich brauche einen neuen Anfang.

Buß-Gottesdienste

Buß-Gottesdienste bereiten auf die Beichte vor.

Buß-Gottesdienste helfen mir.

Ich kann mein Leben neu bedenken:

- Das war gut.
- Das war schlecht.
- Das kann ich besser machen.

Dann kann ich zum Priester gehen.

Der Priester spricht die Vergebung von Gott zu.

Dann können wir Gott:

- Für seine Vergebung danken.
- Loben und feiern.

Ich sehe:

- Einen Kreis in Grün und Gelb.

Was siehst du?

Ich fühle:

- Zuversicht.
- Hoffnung.

Was fühlst du?

Ich glaube:

- Ich bin von Gott gehalten.

Was verbindest du damit?

Die Kranken-Salbung

Das Wort hat zwei Teile:

- Krank.
- Salbung.

Jemand ist krank.

Krank sein:

- Ist nicht schön.
- Macht Angst.

Manchmal ist jemand schwer krank.

Schwer krank sein:

- Macht schwach.
- Ist eine Not.
- Nimmt oft die Hoffnung.
- Nimmt oft das Vertrauen auf Gott.
- Macht Angst vor dem Sterben.
- Ist schwer für Familie und Freunde.

Schwer kranke Menschen zeigen oft:

Ich brauche Hilfe.

Die Kranken-Salbung kann helfen:

Ein Priester kommt im Namen von der Kirche.

Der Priester betet:

- Mit dem kranken Menschen.
- Mit den Angehörigen.

Wir zeigen:

- Wir stehen dir alle bei.
- Du bist nicht allein.
- Du bist nicht verlassen.
- Gott ist bei dir.

Der Priester salbt den kranken Menschen mit Öl.

Er sagt:

Gott steht dir bei.

Das bringt uns das Geschenk der Kranken-Salbung

Die Kranken-Salbung ist das fünfte Geschenk von Gott.

Das Wort hat zwei Teile:

- Krank.
- Salbung.

Ich bin krank.

Krank sein:

- Ist nicht schön.
- Macht Angst.

Manchmal bin ich schwer krank.

Schwer krank sein:

- Macht schwach.
- Ist eine Not.
- Nimmt oft die Hoffnung.
- Nimmt oft das Vertrauen auf Gott.
- Macht Angst vor dem Sterben.

Schwer kranke Menschen sagen oft:

Ich brauche Hilfe.

Helfen können:

- Andere Menschen.
- Priester.
- Die Kranken-Salbung.

Der Priester kommt im Namen von der Kirche.

Er hilft wie Jesus.

Der Priester betet:

- Mit dem kranken Menschen.
- Mit den Angehörigen.

Das tut gut.

- Wir stehen dir alle bei.
- Du bist nicht allein.
- Du bist nicht verlassen.
- Gott ist bei dir.

Der Priester gebraucht:

- Gesten.
- Zeichen.
- Kranken-Öl.

Der Priester breitet beide Hände über dem schwer kranken Menschen aus.

Der Priester betet:

- Ich mache nicht viele Worte.
- Gott steht dir bei.

Er salbt den Schwer-Kranken mit Kranken-Öl.

Das nennt man: Kranken-Salbung.

Die Kranken-Salbung hilft:

- Bei einer schweren Krankheit.
- Vor einer Operation.
- Bei einer Erkrankung der Seele.
- Bei einer kommenden Depression.
- Bei schwachen alten Menschen ohne Lebens-Kraft.
- Bei nahem Tod.

Die Kranken-Salbung ist eine Hilfe zum Leben.

Sie macht:

- Mut.
- Zuversicht.

Nach der Kranken-Salbung können kranke Menschen besser leben.

Die Kranken-Salbung – Besondere Worte

„Helft den Kranken."

Jesus sagt:

Helft den Kranken.

Sein Freund Jakobus erklärt das so:

„Ist einer unter euch krank, dann rufe er die Ältesten der Gemeinde zu sich; sie sollen Gebete über ihn sprechen und ihn im Namen des Herrn mit Öl salben. Das gläubige Gebet wird den Kranken retten und der Herr wird ihn aufrichten; und wenn er Sünden begangen hat, werden sie ihm vergeben."
(Brief von Jakobus, Kapitel 5, Vers 1 und folgende Verse)

Wir verstehen Jakobus so:

Wir sollen:

- Für kranke Menschen beten.
- Zu Gott rufen.
- Gott vertrauen.
- Auf Gott hoffen.
- Kranke mit Öl salben.

Gott richtet den Kranken auf:

- Er stärkt seine Seele.
- Er stärkt seinen Körper.
- Er nimmt alles Schwere aus dem Herzen weg.

Nichts soll den Kranken trennen:

- Von Gott.
- Von den Menschen.

Alle Schuld wird dem Kranken vergeben.

Viele Kranke fühlen sich nach der Kranken-Salbung besser.

Stilles Beten

Vor der Salbung ist es still.

Es gibt keine Worte.

Ich kann die nächsten Worte gut hören.

„Durch diese heilige Salbung helfe dir der Herr in seinem reichen Erbarmen. Er stehe dir bei mit der Kraft des Heiligen Geistes."

Das sagt der Priester.

Er streicht dabei Salb-Öl auf die Stirn.

Das heißt:

Gott gibt dir:

- Hoffnung.
- Kraft.

„Der Herr, der dich von Sünde befreit, rette dich, in seiner Gnade richte er dich auf."

Das sagt der Priester.

Er streicht dabei Salb-Öl auf die Hände.

Das heißt:

- Gott vergibt meine Sünden.
- Gott macht mich stark.

„Für-Bitte"

Für-Bitten sind Bitten für den kranken Menschen.

Viele Bitten werden ausgesprochen.

Das sind die Bitten um:

- Gesundheit.
- Kraft.
- Weniger Schmerzen.
- Weniger Angst.
- Vergebung von Schuld.
- Hilfe von Gott.
- Beistand.

Für-Bitten sind Bitten für die Menschen um den Kranken.

Diese Menschen:

- Kümmern sich um den Kranken.
- Haben den Kranken gern.

Alle sollen Zuversicht bekommen.

„Letzte Ölung“

Manche Menschen sagen zur Kranken-Salbung:

Letzte Ölung.

Das macht Angst.

Die Kranken-Salbung heißt Salbung von Kranken.

Die Kranken-Salbung ist eine Hilfe zum Leben.

Sie macht:

- Mut.
- Zuversicht.

Sie kann auch im Sterben helfen.

Die Kranken-Salbung – Besondere Zeichen

Das Kranken-Öl

Das Kranken-Öl ist ein altes Zeichen.

Das Kranken-Öl soll:

- Schützen.
- Heilen.
- Leben sichern.
- Hoffnung machen.
- Kraft und Stärke geben.
- Das Herz von kranken Menschen hell machen.
- An die vielen Geschenke von Gott erinnern.

Salbung

Zuerst legt der Priester seine Hände auf den Kopf.
Das passiert ohne Worte.
Dann wird Salb-Öl auf die Stirn gestrichen.

Ich spüre:

- Gott gibt mir Hoffnung.
- Gott gibt mir Kraft.

Dann wird Salb-Öl auf die Hände gestrichen.

Ich spüre:

- Gott vergibt meine Sünden.
- Gott macht mich stark.

Die Kranken-Salbung – Besonderes Tun

Segnen mit Weih-Wasser

Der Priester bringt Weih-Wasser mit.
Er segnet den Kranken mit Weih-Wasser.
Er segnet auch alle anderen mit Weih-Wasser.

Weih-Wasser erinnert:

- An die Taufe.
- An das Versprechen von Gott.

Gott verspricht uns:

- Ich bin immer für dich da.
- Ich schenke dir das ewige Leben.

Salben

Das haben wir schon unter „Zeichen" beschrieben.

Hände werden auf den Kopf gelegt

Die Hände auf dem Kopf geben:

- Trost.
- Mut.

Die Hände auf dem Kopf sagen:

- Gott hält zu dir.
- Fühle dich geborgen bei ihm.
- Gott reicht dir die Hand.
- Vertraue Gott.
- Du gehörst zu Gott.
- Gott ist dein Freund.
- Alles soll gut sein.
- Nichts trennt von Gott.
- Nichts trennt von den Mit-Menschen.

Zusammen beten

Zusammen beten hilft:

- Dem Kranken.
- Den Menschen, die sich um den Kranken kümmern.

Zusammen beten ist auch bei der Kranken-Salbung wichtig.

Zusammen beten kann verschieden sein.

Zusammen beten ist mit mehreren Kranken in der Kirche möglich.

Das kann auch im Krankenhaus sein.

Zusammen beten ist in der Messe möglich.

Zusammen beten ist in einem Gottesdienst mit Kranken-Salbung möglich:

- Zu Hause.
- Im Kranken-Zimmer.
- Im Kranken-Haus.
- In der Kapelle im Kranken-Haus.

Ich sehe:

- Einen Regenbogen.
- Die Farben Gelb und Rot.

Was siehst du?

Ich fühle:

- Mich gerufen.
- Mich verantwortlich.
- Gott gibt mir Liebe und Kraft.

Was fühlst du?

Ich glaube:

- Gott ist bei mir.
- Zusammen machen wir die Welt heller.

Was verbindest du damit?

Die Weihe

Die Weihe ist ein Sakrament.

Es gibt die:

- Diakonen-Weihe.
- Priester-Weihe.
- Bischofs-Weihe.
- Noch andere Weihen.

Die Weihe sagt:

- Du hast eine besondere Aufgabe in der Kirche.
- Du führst die Menschen zu Gott.

Viele Dinge machen dich aufmerksam darauf.

Das bringt uns das Geschenk der Weihe

Die Weihe ist das sechste Geschenk von Gott.

Die Weihe ist ein Sakrament.

Es gibt die:

- Diakonen-Weihe.
- Priester-Weihe.
- Bischofs-Weihe.
- Noch andere Weihen.

Jede Weihe hat besondere Orte, Zeichen und Gebete.

Die Weihen haben eine Reihenfolge:

Zuerst ist die Diakonen-Weihe.
Manche Diakone bekommen die Priester-Weihe.
Manche Priester bekommen die Bischofs-Weihe.

Jede Weihe hat zwei wichtige Teile:

- Hände werden auf den Kopf gelegt.
- Ein Weihe-Gebet wird gebetet.

Die Weihe sagt:

- Du hast eine besondere Aufgabe in der Kirche.
- Du führst die Menschen zu Gott.

Viele Dinge machen dich aufmerksam darauf.

Meistens spenden geweihte Menschen Sakramente.

Die Weihe – Besondere Worte

„Bist du bereit?“

Die Frage stellt der Bischof bei der Weihe.

Die ganze Gemeinde hört zu.

Die Frage bedeutet:

- Will ich für Gott da sein?
- Will ich für die Menschen da sein?
- Will ich das Wort von Gott anderen Menschen weitersagen?
- Will ich den Glauben anderen Menschen erklären?
- Will ich die Sakramente feiern?
- Will ich mit anderen Menschen beten?
- Will ich für andere Menschen beten?
- Will ich für den Bischof arbeiten?
- Will ich das mein ganzes Leben lang?

Alle hören die Frage.

„Ich bin bereit.“

Das ist die Antwort der Weihe-Kandidaten:
„Ich bin bereit“
Das heißt:
Ja, das will ich machen.
Mein ganzes Leben lang.

„Sende auf sie herab, o Herr, den Heiligen Geist."

Dieser Satz ist aus dem Weihe-Gebet.

Das Weihe-Gebet bittet:

- Gott gebe dir Kraft.
- Gott mache dich stark.

„Seine sieben-fältige Gnade möge sie stärken, ihren Dienst getreu zu erfüllen."

Diesen Satz sagt ein Bischof bei der Weihe.

Sieben-fältige Gnade sagt etwas über den Heiligen Geist.

Mit der Hilfe vom Heiligen Geist kann ich:

- Klug sein.
- Dinge einsehen.
- Rat von Gott bekommen und weitergeben.
- Situationen erkennen.
- Stark sein in schweren Entscheidungen.
- Leben und glauben wie Jesus.
- Auf Gott hören und Gott vertrauen.

Das wünschen wir jedem Menschen.

Das wünschen wir den Diakonen und Priestern bei der Weihe.

„Gib diesen deinen Dienern die Würde des Priestertums."

Das sagt der Bischof bei der Weihe von Priestern.

Der Satz meint:

Lass diese Männer gute Priester sein.

Sie sollen:

- Für Gott da sein.
- Für die Menschen da sein.
- Das Wort von Gott anderen Menschen weitersagen.
- Den Glauben anderen Menschen erklären.
- Die Sakramente feiern.
- Mit anderen Menschen beten.
- Für andere Menschen beten.
- Für den Bischof arbeiten.
- Das ganze Leben lang gute Priester sein.

Die Weihe – Besondere Zeichen

Hände werden auf den Kopf gelegt

Das macht zuerst der Bischof.

Er betet still.

Das passiert seit Anfang von der Kirche so.

Das sagt:

- Jetzt bist du geweiht.
- Jetzt fängt dein Auftrag für die Kirche an.
- Jetzt fängt dein Auftrag für die Gemeinde an.

Bei der Weihe sind auch andere Priester da.

Die anderen Priester legen ihre Hände auf den Kopf.

Das zeigt:

- Du gehörst jetzt zu uns.
- Wir schaffen das alle zusammen.

Neue Kleidung wird angezogen

Die neue Kleidung sagt den neuen Diakonen und Priestern:

- Jetzt fängt etwas Neues für dich an.
- Jesus ist dir ganz nah.
- Lebe wie Jesus.
- Handle wie Jesus.

Die Weihe – Besonderes Tun

Der Bischof salbt die Hände

Die Hände werden eingecremt.

Dazu gibt es eine besondere Salbe.

Die Salbe heißt: Chrisam.

Die Salbung mit Chrisam sagt:

- Du gehörst zu Jesus.
- Deine Hände sollen helfen wie die Hände von Jesus.
- Deine Hände sollen segnen wie die Hände von Jesus.

Diakon und Bischof bekommen bei der Weihe das Evangelien-Buch

In dem Evangelien-Buch stehen die Geschichten von Jesus.

Das bedeutet:

- Höre auf Jesus.
- Gib die Worte von Jesus weiter.
- Erzähle anderen Menschen von Jesus.
- Lebe wie Jesus.
- Gewinne neue Freundinnen und Freunde für Jesus.

Der Bischof übergibt einen Kelch und eine Brot-Schale

Der Bischof gibt neuen Priestern im Weihe-Gottesdienst einen Kelch.

Der Bischof gibt neuen Priestern im Weihe-Gottesdienst eine Brot-Schale.

Die Brot-Schale heißt auch: Patene.

Kelch und Brot-Schale zeigen:

- Feiere das Sakrament Eucharistie.
- Teile Brot und Wein mit den Menschen.
- Denke dabei an Jesus.
- Sage den Menschen: So ist Jesus.
- Setze dich für andere Menschen ein.

Ich sehe:

- Zwei Kreise.
- Rot.

Was siehst du?

Ich fühle.

- Wir gehören zusammen.
- Liebe.

Was fühlst du?

Ich glaube:

- Gott trägt uns.
- Gott ist die Liebe.

Was verbindest du damit?

Die Ehe

Eine Frau und ein Mann haben sich lieb.
Sie wollen heiraten.
Sie wollen in der Kirche heiraten.
Sie wollen für sich das Ehe-Sakrament.
Ein Priester hilft dabei.

Die Frau und der Mann bitten:

- Gott, sei bei uns.
- Gott, hilf uns.

Mann und Frau versprechen sich:

- Wir lieben uns.
- Wir bleiben für immer zusammen.
- Wir sind immer für-einander da.
- Wir wollen eine Familie gründen.

Für die Ehe gibt es ein Zeichen:
Den Ehe-Ring.
Der Ehe-Ring ist gesegnet.
Mann und Frau stecken sich gegenseitig den Ehe-Ring an den Finger.

Der Priester legt einen Schal um ihre Hände.

Dieser Schal heißt Stola.

Der Priester sagt:

- Ja, ihr seid verheiratet.
- Ihr seid ein Paar.
- Gott geht alle Wege mit euch mit.
- Gott segnet euch.

Das bringt uns das Geschenk der Ehe

Die Ehe ist das siebte Geschenk von Gott.

Eine Frau und ein Mann haben sich lieb.

Sie wollen:

- Heiraten.
- Für immer zusammen bleiben.

Erst der Tod kann sie trennen.

Mann und Frau wollen für-einander da sein.

Sie wollen:

- Für-einander sorgen.
- Zärtlich zu-einander sein.
- Sich küssen.
- Sich lieb halten.
- Mit-einander schlafen.
- Für Kinder da sein.

Sie bitten:

- Gott, hilf uns.
- Gott, sei immer bei uns.

Die beiden wollen in der Kirche heiraten.

Sie sagen:

- Wir sind uns einig.
- Wir heiraten uns.
- Wir trennen uns nicht.
- Wir sind zärtlich zu-einander.
- Gott hilft uns.

Alle hören dieses Versprechen in der Kirche.

Das Versprechen hören auch:

- Ein Diakon.
- Oder ein Priester.

Diakon oder Priester nehmen die Stola.

Eine Stola ist ein langer Schal.

Der Schal sagt:

Gott ist jetzt ganz nah bei uns.

Diakon oder Priester wickeln die Stola um die Hände von den Braut-Leuten.

Diakon oder Priester sagen:

Jetzt seid ihr verheiratet.

Frau und Mann küssen sich.
Sie sind sehr froh.
Sie feiern ein großes Fest.
Viele Verwandte und Freunde sind da.
Die Frau trägt ein weißes Kleid.
Der Mann hat einen schönen Anzug an.
Jeder hat einen Freund oder eine Freundin dabei.
Diese Freundinnen und Freunde heißen Trau-Zeugen.

Sie unterschreiben:
Die Frau und der Mann haben sich geheiratet.

Die Ehe – Besondere Worte

„Braut-Gespräch“

Manche Menschen sagen auch:

- Ehe-Gespräch.
- Braut-Examen.

Das heißt:

- Menschen wollen heiraten.
- Sie gehen zu einem Priester oder Diakon.
- Sie beantworten viele Fragen.

Sie sind sich einig:

- Wir wollen heiraten.
- Niemand zwingt uns.
- Wir wollen für immer zusammen-halten.
- Wir lieben uns.
- Wir wollen zärtlich sein.
- Wir wollen auch für Kinder da sein.
- Gott soll uns dabei helfen.

Der Pfarrer oder Diakon schreibt ihr Versprechen auf.

„Vermählung“

Mann und Frau heißen jetzt Braut-Leute.

Die Frau ist die Braut.

Der Mann ist der Bräutigam.

Sie sind jetzt ein Braut-Paar.

Sie entscheiden zusammen:

- Wir geben uns das Ehe-Versprechen.
- Wir sagen „Ja“ und sind ein Paar für immer.

Das nennt man auch Trauung oder Vermählung.

Vermählung ist ein altes Wort für Heiraten.

Frau und Mann können auch ein Vermählungs-Wort vorlesen.

Das Vermählungs-Wort ist ihr Versprechen:

Wir wollen für immer als ein Paar zusammen leben.

Das Vermählungs-Wort sagt auch:

Gott ist immer bei uns.

„Braut-Segen“

Der Braut-Segen wird gebetet oder gesungen.

Braut und Bräutigam knien.

Der Priester oder Diakon hält seine Hände über das Brautpaar.

Die Hände sind nach vorne gestreckt.

Das heißt:

Gott soll:

- Euch schützen.
- Euch segnen.

Der Priester oder Diakon bittet:

- Bewahre ihre Liebe.
- Schenke ihnen Gesundheit und Freude.
- Schenke ihnen Kraft und Zuversicht.
- Nimm sie am Ende ihres Lebens bei dir auf.

Wir wissen:

Die Liebe von den Braut-Leuten ist ein Bild.

Sie zeigt die Liebe von Gott zu uns.

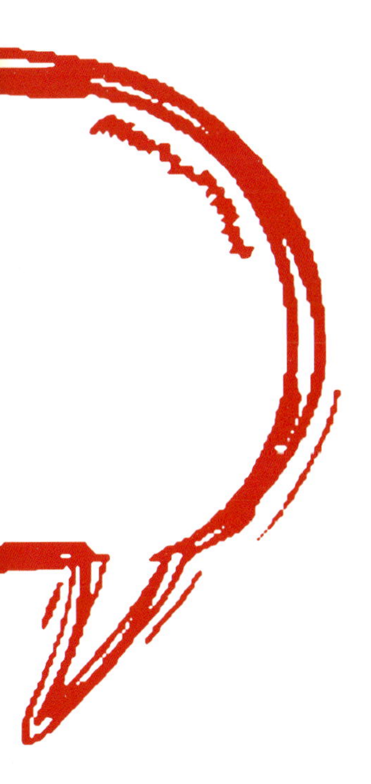

Die Ehe – Besondere Zeichen

Ehe-Ringe

Die Ehe-Ringe sind besondere Ringe.

Die Ehe-Ringe sind gesegnet.

Mann und Frau versprechen sich die Ehe.

Danach stecken sich Frau und Mann gegenseitig den Ehe-Ring an den Finger.

Jetzt wissen alle:

- Wir sind ein Paar.
- Wir sind unzertrennlich.
- Wir sorgen für-einander.
- Gott hilft uns dabei.
- Das hört niemals auf.

Die Ehe – Besonderes Tun

Die Hände werden mit einer Stola umwickelt

Mann und Frau geben sich die rechte Hand.

Der Priester oder Diakon legt seine Stola um ihre Hände.

Stola ist ein besonderer Schal.

Das zeigt:

Gott ist jetzt bei euch.

Der Priester oder Diakon sagt:

- Ja, ihr seid verheiratet.
- Ihr seid ein Paar.
- Gott geht alle Wege mit euch mit.
- Gott segnet euch.

Eine Trau-Kerze wird angezündet

Einigen Braut-Leuten ist eine Trau-Kerze besonders wichtig.

Die Trau-Kerze soll sagen:

- Gott ist immer bei uns.
- Es gibt dunkle Zeiten in unserem Leben.
- Gott schenkt uns dann sein Licht.
- Wir können immer auf seine Hilfe hoffen.

Einige Braut-Leute wählen ihre Tauf-Kerze als Trau-Kerze.

Nachlese

Zum praktischen Umgang mit diesem Buch

Das Buch haben wir aus der Perspektive der Praxis geschrieben.
Die Nachlese soll helfen, mit dem Buch zu arbeiten.

Es soll deutlich werden:

- Jeder Mensch – mit und ohne Behinderung – hat ein Recht auf Sakramente.
- Theologie wird aus dem praktischen Umgang mit Sakramenten entwickelt.
- Die verschiedenen Zugänge über Worte, Zeichen und besonderes Tun dienen dem mehrsinnigen Erfahren von Sakramenten.

Wir setzen voraus:

- Jeder Mensch hat ein Innenleben. Dies ist mehr oder weniger stark sichtbar.
- Jeder Mensch hat einen Zugang zum Religiösen.
- Es gibt viele verschiedene Wege, diesen Zugang zu bekommen.
- Sakramente bedienen diese verschiedenen Zugänge.
- Verschiedene Kommunikationsweisen helfen dabei.

- Jeder Mensch kann seinen individuellen und persönlichen Weg finden.
- Jeder Mensch kann Sakramente empfangen.
- Menschen sind nicht ausgeschlossen.
  Früher war das anders.
- So wird erfahrbar: Gott ist für jeden Menschen da.

Uns helfen 7 Wege:

1. Sakramente rühren den Menschen an.
2. Schweres muss leicht gesagt werden können.
3. Jeder hat persönlich etwas von den Sakramenten.
4. Das Bild vom Geschenk hilft zu verstehen.
5. Anregungen für Katechese, Religionsunterricht und Glaubensgespräch sind nützlich.
6. Sakramente sind Geschenke für das ganze Leben.
7. Die Sakramente Gottes sind Geschenke für alle.

1. Sakramente rühren den Menschen an.

Sie berühren sein Herz.
Sie werden auch über den Kopf erfahren.
Besondere Worte und Zeichen helfen dabei.
Sakramente wollen über das Herz erfahren werden.
Gott spricht in die Herzen der Menschen.
Die Menschen können Gott verstehen.
Gott versteht die Menschen auch ohne Worte.

Sakramente bringen Gott und Mensch zusammen:

- Sie machen Gott für uns hörbar.
- Sie machen Gott für uns spürbar.
- Sie machen Gott sichtbar.

Sakramente öffnen das Herz von Menschen für Gott.

Sakramente sprechen für Gott.
Symbole, besondere Dinge und Gesten helfen dabei.
Sakramente machen stark für das Leben.
Sakramente sagen: Ich, Gott, bin immer für dich da.
Ich bin da in frohen und schweren Zeiten.

Sakramente werden in großen Feiern geschenkt.

Zu den Feiern gehören Gottesdienste.

Zu den Feiern gehören große Feste.

Sakramente machen aus Menschen eine Gemeinschaft.

Die Gemeinschaft heißt Kirche.

Die Kirche soll zeigen:

- Gott ist da.
- Gott ist bei den Menschen.
- Gott ist in der Welt.
- Mit Gott wird alles gut.

2. Schweres muss leicht gesagt werden können.

Diese Hinweise zum Umgang mit dem Buch machen deutlich:

Schweres muss leicht gesagt werden.

Gott ist ein schweres Wort.

Schwere Worte können wir erklären.

Erklären hilft beim Verstehen.

Worte können in kleinen Schritten klären, was wichtig ist.

Wir Menschen brauchen Worte:

Sonst können wir uns nicht verstehen.

Ohne Worte können wir nicht von Gott sprechen.

Worte helfen uns: Wir können unser Denken und Fühlen über Gott mitteilen.

Worte helfen uns zu handeln.

Gott schenkt uns Menschen. Sie sprechen für ihn.

Gott schenkt uns Dinge. Sie sprechen für ihn.

Gott schenkt uns die ganze Welt. Sie spricht für ihn.

Gott möchte:

- Jeder soll zuhören.
- Jeder soll den anderen verstehen.

Gemeinsam können wir spüren:

- Unser Leben ändert sich.
- Gott gibt uns Kraft.
- Er liebt uns.
- Er hilft uns.

Diese Worte finden wir in jedem Sakrament wieder.
Sie machen uns Mut.

Gott zeigt sich immer anders in unserem Leben.
Gott mag uns.
Er ist immer für uns da.
Gott will uns begegnen.
Die Sakramente helfen uns dabei.

3. Jeder hat persönlich etwas von den Sakramenten.

Viele Menschen fragen heute: „Was habe ich davon?"

- „Was habe ich davon, wenn ich das Sakrament empfange?"
- „Was gibt es mir, wenn ich mich mit dem Sakrament beschäftige?"
- „Was will und kann mir das Sakrament für mein Leben schenken?"

Menschen haben den Wunsch, persönlich Gott zu begegnen.

Das Sakrament bietet sich als eine Hilfe dafür an.

Viele Menschen suchen Halt. Ihr Leben ist manchmal ganz schön schwer.

Sakramente wollen stützen und zeigen: Gott ist da.

Viele Menschen suchen Geborgenheit und Kraft für ihr Leben.

Sakramente zeigen Wege:

- So kannst du dich in Gott geborgen fühlen.
- So schenkt Gott dir Kraft.

Begegnungen mit Gott brauchen einen Raum, um Gott finden zu können.

Dieser Raum sieht für jeden anders aus. Dieser Raum fällt individuell aus.

Er ist sehr persönlich.

Die Sakramente bieten Hilfe, um diesen Raum zu gestalten.

Manchmal sind wir unsicher: Will Gott uns wirklich treffen?

Manchmal sind wir besorgt: Verhalten wir uns angemessen?

Manchmal sind wir uns ganz sicher: Gott ist in meinem Herzen.

Jeder richtet diesen Raum für Gott selbst ein.

Jeder entscheidet: Das eine soll in meinen Herzens-Raum für Gott hinein. Das andere nicht.

Theologen haben dafür ein schweres Wort: Spirituelle Autonomie. Sie hilft, das Geschenk Gottes für sich zu entdecken und anzunehmen.

Papst Johannes Paul II. erklärt dazu: Jedes Denken, Spüren, Fühlen kann für das Ganze des Glaubens an Gott stehen. Er spricht von „Hierarchie der Wahrheiten".

Die schweren Worte meinen Spirituelle Autonomie:

- Ich höre von Gott.
- Ich sehe von Gott.
- Ich fühle von Gott.
- Ich denke von Gott.
- Das verstehe ich.
- Das ist mir an Gott wichtig.
- Das ist für mein Leben wichtig.
- Alles das lässt mich Gott finden.
- Ich muss nicht alles von Gott wissen.

Früher dachten die Leute:

Nur schlaue Menschen sollen ein Sakrament bekommen.

Gott soll nur den lieb haben, der alles weiß.

Wer nicht gut denken konnte, wurde ausgeschlossen.

Der sollte nicht zu den Freunden von Jesus gehören.

Heute ist das anders.

Papst Franziskus sagt:

Jeder kann Gott finden.

Manchmal müssen wir uns dabei helfen.

Manchmal ist es schwer, sich zu verständigen.

Manchmal müssen wir den richtigen Weg zu-einander finden.

Manchmal müssen wir ungewohnte Wege gehen,
um uns zu verstehen.

So findet jeder seinen Weg zu Gott.

So kann jeder sein Herz für Gott öffnen.

Dann sind wir alle zusammen Kirche.

Dann tun wir, was Jesus sich von uns wünscht:

Wir machen so das Geheimnis Gottes zugänglicher.

Worte können in kleinen Schritten klären, was dabei wichtig ist.

Es ist gut, Erklärungen immer wieder zu hören.
So können wir wichtige Worte besser bedenken.

Unsere Sinne machen den Weg frei, diese Worte
in unserem Herzensraum aufzunehmen.

4. Das Bild vom Geschenk hilft zu verstehen

Geschenke muss man auspacken.

Das gilt für Sakramente als Geschenke Gottes auch.

Das Buch will beim Auspacken helfen:

Bilder stimmen auf das Geschenk ein.

Die Bilder teilen sich die Farben des Regenbogens.

Theologen sagen: Der Regenbogen ist das erste Sakrament Gottes.

Die Farben der Bilder prägen Stimmungen:

- Sie beeindrucken.
- Sie befremden.
- Sie machen nachdenklich.

Wie Geschenkpapier neugierig macht, so machen die Bilder auf die Geschenke Gottes neugierig.

Einige packen Geschenke lieber schnell aus.

Das geschieht im ersten Teil jedes Geschenks.

Das Geschenk wird kurz, knapp und in leichter Sprache vorgestellt.

Das Geschenk ist schnell zu erkennen.

Andere lassen sich Zeit, das Geschenk auszupacken.

Sie wollen alles genau wissen.

Das geschieht im zweiten Teil jedes Geschenks.

Das Geschenk wird erklärt.

Besondere Worte werden genannt.

Sie werden in Leichte Sprache übersetzt.

Auch die Worte sind wie ein Geschenk.

Sie tun gut.

Besondere Zeichen, Dinge und Gesten werden gezeigt.

Sie helfen beim Auspacken des Geschenks.

Sie machen das Geschenk Gottes:

- Hörbar.
- Sichtbar.
- Spürbar.

Sie erklären auch ohne Worte.

Besonderes Tun wird aufgezählt.

Das schenkt Sicherheit:

Ich kann das Geschenk Gottes an-nehmen.

Das Geschenk Gottes kann mir niemand weg-nehmen.

5. Anregungen für Katechese, Religionsunterricht und Glaubensgespräch sind nützlich.

Gott hat sich mit den 7 Geschenken für uns viel Mühe gegeben.

Wir können seine Geschenke im Gottesdienst feiern.

Wir betrachten einzelne Dinge.

Wir erleben Symbole.

Wir hören Gottes Worte.

Wir können zusammen im Gottesdienst Gott für seine Geschenke danken, Gott loben und feiern.

Die Vorbereitung auf die Geschenkübergabe kann durch die Erklärungen in Leichter Sprache gestützt werden.

Sie kann Hilfen geben für den Religionsunterricht und die „Katechese".

Katechese ist ein schweres Wort.

Katechese will bei der Vorbereitung des Herzens-Raumes helfen.

Jeder kann seinen Herzens-Raum selbst einrichten.

Das Verstehen von besonderen Worten, Gesten, Zeichen und Dingen hilft dabei.

Die Katechese will also Verstehen stärken.

Sie will nicht Verhaltenserwartungen oder überforderndes Wissen aufbauen.

Wer viel weiß, findet nicht mehr Halt. Das gilt auch für das Leben mit Gott.

Katechese informiert.

Katechese hilft, Glauben auszudrücken.

Katechese hilft, Glauben zu teilen.

Theologen sagen das in einer schweren Sprache:

Die Katechese will Ausdruck einer „inneren Wirklichkeit" sein.

Katechese lebt davon, „realisierendes Zeichen" zu sein.

Realisierendes Zeichen ist ein schweres Wort.

Es meint:

Worte, Zeichen, Gesten, Dinge werden lebendig.

Sie machen Gott spürbar.

Sie machen Gott spürbar, selbst wenn nur zwei oder drei zusammen sind, um sich auf die Begegnung mit Gott im Sakrament einzulassen.

6. Sakramente sind Geschenke für das ganze Leben.

Alle freuen sich an den Geschenken Gottes.

Alle freuen sich mit den Beschenkten.

Die Geschenke Gottes sind immer auf ein Mit-einander angelegt.

Sie öffnen für-einander.

Jeder kann mit-machen mit seinem Geschenk in der Kirche.

Manche Geschenke von Gott bekommt jeder nur einmal:

- Taufe.
- Firmung.
- Ehe.
- Weihe zum Diakon, Priester oder Bischof.

Einige Geschenke kann man öfter bekommen:

- Buße und Versöhnung.
- Eucharistie/Kommunion.
- Kranken-Salbung.

7. Die Sakramente Gottes sind Geschenke für alle.

Einige Geschenke haben noch eine Besonderheit.

Freunde, Freundinnen, Geschwister, Eltern helfen beim Empfang des Sakramentes.

Das sind:

- Paten und Patinnen.
- Trauzeugen und Trauzeuginnen.

Sie sollen mit-helfen, dass die Geschenke Gottes das ganze Leben lang gelebt werden können.

Bei Taufe und Firmung sollen die Paten mit-helfen, den Weg in die Gemeinschaft der Glaubenden zu finden.

Diese Helfer machen deutlich, dass die Geschenke Gottes immer auch Gemeinschaft stiften und die Kirche beleben.

Das Buch unterstützt:

- Vorbereitung auf die Sakramente.
- Glaubens-Gespräche.
- Religions-Unterricht.
- Fortbildungen.
- Lernen für das ganze Leben.
- Eine neue Sicht: Blickwechsel durch Einfachheit.

Ausblick – Weihbischof Dr. Reinhard Hauke: Sakramente machen Gott erfahrbar

Sakramente schaffen Beziehungen.
Dafür will Gott Sakramente.

Sakramente schaffen Beziehungen:

- Zu den Menschen unter-einander.
- Zu vielen Menschen.
- Zu Gott.
- Zum Himmel.

Sakramente schaffen Gemeinschaft.
Sie bringen Gott und Mensch immer wieder zusammen.
Die Kirche kann diese Anliegen der Sakramente neu wecken.

Dabei helfen Rituale.
Es braucht aber noch mehr.
Es braucht Sorge für Gemeinschaft:

- Mit der Kirche.
- In der Kirche.
- Für die Kirche.

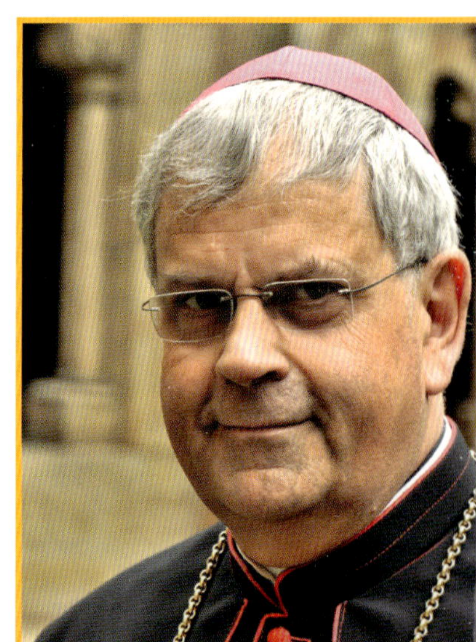

Es gibt viele Veränderungen:

- Krieg.
- Ängste.
- Zu wenig Lebensmittel.
- Teure Energie.

Es gibt Missbrauchsfälle.

Glauben fällt schwer.

Leben und Glauben teilen fällt schwer.

Kirche kann sich auf Gott verlassen.

- Sie schaut mutig in die Zukunft.
- Sie arbeitet an ihren Fehlern.
- Sie will den Glauben an Gott zu einem sicheren Ort machen.
- Sie will die Kirche zu einem sicheren Ort machen.

Die Sakramente können dabei helfen.

Sie sind wie Fenster:

- Zu den Menschen.
- In den Himmel.

Weihbischof Dr. Reinhard Hauke, Erfurt

Die Autoren

Diakon Dr. Christoph Beuers

Seelsorger, Autor, Fortbilder, Lehrbeauftragter an der Kath. Hochschule St. Georgen, Beirat der Pastoralkommission der DBK. Bis zur Pensionierung Schulleitung Fachschule für Sozialwesen Fachrichtung Heilerziehungspflege der St. Vincenzstift gGmbH, Lehrtätigkeit an den Universitäten Frankfurt und Köln, Mitveranstalter des Forums für Heil- und Religionspädagogik. Veröffentlichungen zur inklusiven Pastoral- und Religionspädagogik mit einem Schwerpunkt Leichte Sprache.

Dipl.-Theol. Jochen Straub

Referatsleiter für die Seelsorge für Menschen mit Behinderung im Bistum Limburg, langjähriger geistlicher Begleiter für Menschen mit Behinderung. Autor und Liedermacher. Er kämpft seit vielen Jahren engagiert für die Teilhabe behinderter Menschen. Zahlreiche Veröffentlichungen, Lesungen, Vorträge und Seminare. Mehr über den Autor auf: www.bistumlimburg.de

Abbildungen: © Mariia (Farbkreis); © Anna (Feder); © iralu3 (Auge); © kytalpa (Hand, Herz): © vegefox.com (Personengruppe); © Alexander Limbach (Sprechblasen); © Alexander Limbach (Sprechblasen): © Maksim Kabakou (Hände) – alle: stock.adobe.com

Bibliografische Information der Deutschen Nationalbibliothek

Die Deutsche Nationalbibliothek verzeichnet diese Publikation in der Deutschen Nationalbibliografie; detaillierte bibliografische Daten sind im Internet über http://dnb.d-nb.de abrufbar.

Das Gesamtprogramm
von Butzon & Bercker
finden Sie im Internet
unter www.bube.de

ISBN 978-3-7666-3680-5

Umschlaggestaltung: Tanja Manden, Kevelaer
Layout und Satz: Tanja Manden, Kevelaer